Durand-Ruel

Arsène Alexandre
y otros

Durand-Ruel, el marchante

casimiro

casimiro [*casimiroa edulis*]

Selección y traducción: Rodolphe Crutenau

En cubierta: Alfred Sisley, *El Sena en Argenteuil*, 1872
  Colección privada

© Casimiro libros, Madrid, 2024
  Todos los derechos reservados
  www.casimirolibros.es

ISBN: 978-84-19524-36-2
D. L: M-19713-2024

Hecho en Madrid

Índice

Durand-Ruel
Retrato e historia de un "marchante"

Arsène Alexandre

Muy rudimentaria sería la idea del marchante de cuadros, si nos lo imagináramos tan sólo como quien compra y vende cuadros, al igual que cualquier otro comerciante compra y vende la mercancía que sea. Supongamos incluso que los compre muy buenos y los revenda a precios exorbitantes, tampoco bastaría para completar la definición, pues también valdría para un chamarilero o un anticuario. El gran marchante de cuadros es un hombre de acción, como un conquistador, un hombre juicioso, como un crítico, un hombre apasionado, como un apóstol. (Me refiero al apóstol, al crítico, al conquistador, y el marchante como figuras ideales). Ese marchante puede acompañar a la crítica pero también ser su adversario o, mejor dicho, puede unirse a la buena crítica y enfrentarse a la mala, y entonces será un buen marchante; –si lo que ocurre es lo contrario, se convierte en un temible enemigo del arte, al menos mientras impere el mal gusto y la verdadera belleza pene en ser comprendida.

Y, sin embargo, si el buen marchante, el marchante ideal, ama con demasiado afán las cosas bellas, se arriesga a arruinarse y provocar con ello persistentes desastres; debe pues ser un entusiasta pero sin ser en exceso soñador; debe ganar dinero para poder afrontar grandes sacrificios, y debe sacrificarse a menudo sin tener la certeza de que ganará dinero. Del mismo modo que el mal marchante difunde con ahínco el mal gusto, el buen marchante es un adalid de aquellos que combaten el mal gusto con obras a las que les suele costar llegar al lugar que les tiene reservado el porvenir. El buen marchante es, en una palabra, uno de los órganos esenciales de ese inmenso sistema de producción de la belleza que engloba y caracteriza a las sociedades modernas. En las repúblicas antiguas, Atenas o Florencia, donde el apasionado de la belleza tenía como vecino y proveedor a un artista; en las monarquías absolutas, donde el papa, el emperador, el rey, tenían al artista bajo su protección y mecenazgo, cuando no como criado, esta idea del marchante de cuadros no se habría correspondido con ninguna realidad efectiva; mientras que ahora, Atenas, Florencia, el papa, el emperador, el rey, serían uno más, uno de tantos. Así que, desgraciadas las sociedades que sólo cuenten con malos marchantes de cuadros, la salvación artística de sus almas se verá seriamente comprometida.

Ya se intuye, con estas consideraciones preliminares, que la idea del buen marchante no es tan sencilla como cabría pensar. El ejemplo que ahora les ofreceré, con alguna profusión de detalles, y aprovechando una feliz ocasión, servirá para completar esa idea y darle vida.

Días atrás, el Sr. Paul Durand-Ruel cumplió ochenta años. Durante cerca de sesenta años ha librado batallas cuyos pormenores demostrarían que, por mucho que se diga, los tiempos heroicos aún no han acabado, y que las novelas de Balzac no son inverosímiles. Advertiríamos, por ejemplo, la sufrida dedicación de un marchante a unos artistas por cuyo triunfo se ha volcado, cuando sí habremos visto algún artista sufrir por causa de un marchante pero nunca por él.

Esos sesenta años darían para tal desfile de obras ahora famosas que nos sorprendería el milagro de la multiplicación de los millones de unos cuadros que a duras penas se vendieron por primera vez a precios más que modestos. Este incremento de valor, al Sr. Durand-Ruel le costaría estimarlo, de tanto que algunos de esos cuadros han vuelto entre sus manos, cada vez con un precio y una relevancia distintos. Pues, sin duda, ocurre este hecho singular: que las obras de arte, a igual que las personas, cambian de carácter, de lenguaje y de prestigio, según va cambiando su circunstancia. Y todos estos avatares que el Sr. Durand-Ruel encauzó, luchando con tesón por ellos y por su propia suerte, han acabado confiriéndole una fisonomía particular, un brillo especial, que no son ni la fisonomía ni el brillo de los otros marchantes.

Para apreciar como es debido estos rasgos personales, hay que conocer al individuo, haber compartido tiempo con él, sin premuras ni cortapisas. Paul Durand-Ruel es, ante todo, la sencillez hecha persona. Nadie es más fácilmente abordable entre los grandes personajes de París. Quienquiera puede dar con él, a cualquier hora, en su despacho de la rue Laffitte, delante de la puerta entornada por la que pasan cada año miles de curiosos, de artistas, aficionados o simples y anónimos turistas.

Al vernos, se levantará y se acercará a nosotros: un hombre de altura media, de rostro redondo, afeitado, coronado de unas cortas canas, con un bigote como de cepillo y una cejas revueltas que protegen unos ojos tremendamente vivaces, por momentos serios e inquisitivos, por otros discretamente maliciosos. Voz algo velada, pero clara, de palabra precisa. Modos tranquilos y corteses, manos cruzadas en la espalda, cabeza algo inclinada hacia delante y, ligeramente, hacia un lado, para prestar mejor atención al interlocutor. Ironía recurrente, ninguna palabra grandilocuente, ni tampoco grandes frases; y sí, por el contrario, todas las señales de una obstinación sin igual, de una voluntad carente de violencia, que nada sabría doblegar, y que se manifiesta sonriendo. Así se nos aparece este pequeño hombre vestido de negro, que nunca modifica sus juicios negativos, y que, no obstante, conversa con amenidad y recibe con mucha urbanidad. Un error muy extendido, que esta ocasión servirá para corregir, es aquel que consiste en remontar la figura y la originalidad del Sr. Durand-Ruel a la época del impresionismo. De haber muerto en 1870, se le habría tenido como el más ferviente defensor de la Escuela de 1830, y habría muerto arruinado. De morir en 1886, habría dejado el recuerdo de un hombre que se arruinó por los impresionistas, y esta habría sido la diferencia, fundamental, no en sus efectos, cuanto en su relevancia histórica.

Otro rasgo esencial de esta vida, es que forma parte integrante de una dinastía, no siendo por tanto fruto de una carrera nacida del azar. El Sr. Durand-Ruel heredó el oficio de su padre, y sus hijos, hoy sus colaboradores, heredarán de él. En su recorrido, hay años en la sombra, y nada hay de improvisado.

El padre de nuestro marchante abrió establecimiento en 1825 en la rue Saint-Jacques, donde vendía sobre todo colores y utensilios de pintura. Difícilmente podríamos imaginarnos esta calle comercial hoy en día tan estimada, ancha, luminosa y corriente, en los tiempos en que fue oscura, estrecha y pintoresca.

Mencioné antes de pasada el nombre de Balzac. Habrá que volver a leer sus libros para figurarse esas casas sobrias, ajetreadas, concurridas sin ningún lujo inútil. La rue Saint-Jacques era, en ese tramo (pues es una calle larga y sublime, que dibuja una línea recta desde la colina de la Ciencia hasta la Basílica donde se consagraban los reyes, con mucha variedad en su recorrido), cercana a los lugares en lo que se hacía arte, sobre todo la isla de Saint-Louis, al sur de l'ile de la Cité.

El Sr. Durand-Ruel padre fue así primero "servidor" de algunos artistas antes de convertirse en defensor de los mismos. Esos artistas se llamaban Daubigny, Jules Dupré, Daumier; y tenían por amigos a otros llamados Corot, Rousseau o, también, un hombre ciertamente esquivo y rústico de nombre Jean-François Millet. El vendedor de colores pronto tuvo el extraño capricho de comprar algunos cuadros a esos principiantes que eran objeto del desprecio de todo hombre de bien al tanto de las reputaciones académicas del momento y en ciernes.

Así fue como el hijo aprendió, siguiendo el ejemplo paterno, que la profesión de marchante de cuadros es de las más ingratas y de las más difíciles que puedan verse. No quiso en un principio vivir en su propia piel las dificultades que con frecuencia veía atravesar a sus padres para poder responder a las obligaciones comerciales contraídas. El destino, sin embargo, le proporcionó no pocas ocasiones de pasar por parecidos trances. Manifestó bien pronto su intención de no participar del negocio familiar. Hizo todos sus estudios con la finalidad de ser acceder a la escuela militar de Saint-Cyr; donde fue admitido con excelentes calificaciones. Una inoportuna bronquitis (sospecho, consecuencia del sobreesfuerzo) retrasó su ingreso. Este contratiempo, al coincidir con alguna nueva crisis en la casa paterna y con la tambaleante salud del padre, le obligaron a renunciar a los galones.

Me divierte imaginarme cómo habría sido el general Durand-Ruel; sin duda, antes audaz y tenaz que oportunista e impetuoso. Se habría guiado por alguna brillante ocurrencia antes que los preceptos del estratega Jomini, pero habría demostrado tal resistencia como para acabar triunfando en todas aquellas batallas que los entendidos le habrían dado por perdidas.

Sea como fuere, el establecimiento de la rue Saint-Jacques abrió una sucursal en la rue des Petits-Champs, adonde acabó mudándose. Aquí, el comercio al por menor de materiales de pintura prosiguió, pero los cuadros, hermosos e invendibles, multiplicaban sus invasiones. Millet, más que nadie, causaba muchos quebrantos, pero los daños se soportaban con heroísmo. El Sr. Durand-Ruel padre y su hijo empezaron a amar con pasión esas cosas que perjudicaban su situación y las amaban por esa misma razón. Las amaban tanto que cuando el padre, de quien el hijo asumió el negocio en 1852, murió en 1865, el hijo renunció a la venta de colores y pinceles, para trasladarse en 1866 a la rue de la Paix, donde poder arruinarse con más comodidad, en un barrio que sólo después se convertiría en el centro del mejor comercio, para vender unos cuadros que sólo después se considerarían como los más gloriosos del siglo. De ahí que, hoy en día, el Sr. Durand-Ruel diga, con sonrisa burlona, no exenta, a pesar del éxito final, de una pizca de melancolía: "He sido, en definitiva, un mal marchante de cuadros, pues no amé lo que vendía y lo que amaba no lograba venderlo".

Para complicar aún más la cuestión, afrontó en 1869 unos gastos importantes para establecerse en la rue Laffitte, en vísperas de la guerra. Los acontecimientos por entonces se aceleraron y reclamaban paisajes bien distintos a los de Corot.... Y, cada vez más convencido de que la profesión de marchante de cuadros era la más detestable, el Sr. Durand-Ruel se llevó a Londres todo lo que no había podido vender de la Escuela de 1830 (de llevarse lo vendido, habría sido poca cosa); unos cuadros que hoy valen millones.

No crean, sin embargo, que todas estas trágicas circunstancias apaciguaron el apostolado de nuestro marchante. Al contrario, se hizo más ferviente, más creyente, más tenaz. Aprovechó esa estancia en Londres para conquistar nuevos adeptos a la escuela francesa de 1830. Cabe incluso afirmar que los maestros de dicha escuela han sido en gran medida adoptados por Inglaterra gracias a la campaña del Sr. Durand-Ruel. Y así, cerca de veinte años pasaron entre luchas y angustias, entre esperanzas y unas victorias parciales, tan costosas, en resumidas cuentas, como las derrotas. Véase bien que, por esta primera parte de su carrera, nuestro personaje balzaquiano, no debe tenerse exclusivamente como el gran sacerdote del impresionismo.

Aún habrá que esperar a que nuevas luchas se presenten. El propio Sr. Durand-Ruel sostiene que, por grande que haya sido el número de obras de la Escuela llamada "impresionista" que hayan pasado por sus manos, mayor ha sido el de obras de los grandes pintores de principios y mediados del siglo XIX que su padre y él vendieron con tanta dificultad. Créanle.

De vuelta en París, el Sr. Durand-Ruel se debió hacerse cargo, con denuedo, de nuevos motivos de combate y angustia. El grupo de Claude Monet, de Renoir, de Sisley, de Pissarro, de Piette, de Caillebotte, etc., sin contar al tan denostado Édouard Manet, empezaban a ser objeto de todas las burlas y de todas las furias. La gente iba a las exposiciones de la rue Laffitte para reírse; se acudía a las casas de subastas para ver quien compraba más baratas las obras de esos desatados que recordaban a los *Commu-*

nards. Entre 25 y 65 francos se vendían esas obras que, ahora, enloquecen en el sentido opuesto, a los aficionados.

El Sr. Durand-Ruel apoyó a estos peligros alborotadores del arte público. Encontraron siempre en él escucha y subsidios, y su sonriente rostro, su palabra dulce, su lenguaje cortés, sus manos cruzadas por la espalda. Su actitud tranquila y algo inclinada, atenta, hacia delante, no dejó nunca vislumbrar (si acaso sospechar) las tragedias tras su compromiso y los heroísmos ante los vencimientos. Esa lucha duró aún otros veinte años. A pesar de las simpatías, y luego de los entusiasmos, que fue suscitando esta nueva escuela, su marchante audaz, su marchante designado, su marchante simbólico estaba casi en las últimas en 1886, cuando fundó en Estados Unidos el establecimiento que le permitirá alcanzar en Francia días mejores y más luminosos.

Ya conocemos lo que fueron esos días de aceleración de la pintura moderna. Se trata de una historia acaso menos interesante, toda vez que parece que el relato de los éxitos nos suscita valoraciones someras, mientras que de las desdichas queremos conocer hasta el último detalle.

El Sr. Durand-Ruel alcanzó el puerto, el espléndido y venerable puerto del octogésimo año y del triunfo de los maestros por los que tuvo que superar tantas tempestades. Sin embargo, como se trata aquí de hacer el retrato de un gran marchante, nuestro escrito no estaría completo sin algunos ejemplos más precisos del tipo de vicisitudes que atravesaron las obras por las que desplegó tanta fe y tanto coraje. Las tomaré un poco de cada Escuela.

La Toilette, de Corot, gloria hoy en día de la colección de Mme Desfossés, fue por mucho tiempo paseada de exposición en exposición por el propio pintor, tanto en París como en provincias. Corot nunca encontró un comprador por los 1.200 francos que deseaba. El Sr. Durand-Ruel, el día que lo compró por 10.000 francos, dio uno de esos golpes audaces que provocaban el escepticismo de muchos de sus colegas. Lo revendió a un aficionado inglés por 13.000, el cual se deshizo del cuadro a cambio de 50.000 francos, y la propietaria actual ha rechazado una oferta de 800.000 francos.

El *Sardanápalo*, de Delacroix, obra maestra quizá aún demasiado reciente para ser apreciada y comprendida, la compró el Sr. Durand-Ruel por 95.000 francos, y la revendió por 60.000 (¿otro ejemplo de esas especulaciones tan lucrativas?). El comprador, el coleccionista inglés, no pudo quedárselo. El pintor-marchante Étienne-François Haro se lo venderá por 30.000. ¿Cuál será la última palabra que le reserve el futuro a esta colosal sinfonía?

La *Fuente*, de Renoir, que se compró al propio pintor por el precio, por entonces excesivo, de 1.100 francos, lo ha comprado hace poco por 70.000 el príncipe de

Wagram. *El palco*, del mismo maestro, lo compró, a regañadientes, un aficionado de Nantes ¡por 500 francos! En la actualidad, pertenece a la colección personal del Sr. Durand-Ruel, que por ningún precio quiere desprenderse de él.

Un año, el Sr. Durand-Ruel compró –fue quizá la mayor de sus locuras– de golpe, a Manet, treinta cuadros por 50.000 francos. Suma que no representa hoy en día ni el valor de uno de esos cuadros suelto. Todos o casi todos acabaron desperdigados, antes de alcanzar los precios exorbitantes que se les daría ahora. Entonces, esa compra suscitó estupor entre los artistas y los "connaisseurs", agradecimiento en Manet, y angustia en el Sr. Durand-Ruel.

No he dicho, en este relato ya demasiado largo y sin embargo muy somero, cómo, a lo largo de su carrera, nuestro marchante se interesó por los maestros antiguos cada vez que dio con obras señaladas de los más grandes pero entonces poco conocidos. Así, compró unos Goya cuando valían poco más o menos que unos Corot, de cuando los Corot no se vendían; y unos Greco cuando se ignoraba el nombre de ese pintor al que como mucho se tildaba de loco. No hace aún muchos años se miraba a Rem-brandt con algo de desconfianza. El historiador del arte Charles Blanc lo llamaba *Paul* Rembrandt y le reprochaba su manera de dibujar; los críticos académicos resaltaban lo que llamaban su vulgaridad, sin saber siquiera distinguir un cuadro auténtico del autor de los *Peregrinos de Emaús* de un cuadro mediocre de Gerard Dou o del más torpe Nicolas Maës que lo imitaban (por no mencionar sino las menos sangrantes de esas confusiones). El Sr. Durand-Ruel compró el *Saúl y David* ¡por 12.500 francos! Las autoridades decretaron que "no es un Rembrandt". Más tarde, el Sr. Durand-Ruel lo volvió a comprar, esta vez, por 140.000 francos. Por último, el ilustre erudito holandés, el doctor Bredius, lo compró por 200.000 francos y lo presta al Museo de La Haya, donde subyuga tanto que ya hay quien ha ofrecido 1.200.000 francos a su dueño. Y, de resultas, aquellas mismas autoridades han proclamado que se trata de uno de los Rembrandt más bellos que conocen, y de los más auténticos.

Todos estos elementos ¿no completan tanto nuestro retrato del Sr. Durand-Ruel, como la idea que hemos querido definir de entrada del gran marchante de cuadros moderno? Es decir, de un hombre que por su voluntad, por su tenacidad, su atinado sentido de las cosas bellas (*justum ac tenacem*) ejerce sobre el gusto de su época una influencia semejante a la de la crítica desinteresada y clarividente. De un hombre que, desde el punto de vista de la estética comercial, podría pasar por un comerciante fracasado, hasta cuando la victoria, por largo tiempo esquiva, lo convierta en uno de los marchantes más notables de su época. De un hombre que, dispuesto en todo momento a arruinarse, acabó permitiendo a unos artistas que arrastraban años de penurias ganar al menos tanto dinero como los pintores de mala pintura.

El Sr. Durand-Ruel, de no haber superado sobradamente esa edad de sesenta años en la que tantos desaparecen, habría dejado una firma difícil de mantener, una familia con problemas de patrimonio, –mientras los artistas que apoyó con tanto riesgo y peligro habrían seguido sus caminos ascendentes y cosechado los frutos de sus esfuerzos. El Sr. Durand-Ruel alcanzó finalmente el éxito, no sólo por sus muchos años de vida, sino por haber creído, y porque el creer da a veces, felizmente, la fuerza de vivir. Y el que haya tenido éxito, no ha de ser para nosotros, no obstante la mala costumbre, motivo para dejar de admirarle.

Arsène Alexandre
Durand-Ruel. Portrait et historie d'un "marchand"
Inserto de la revista *Pan*, Berlín, noviembre 1911

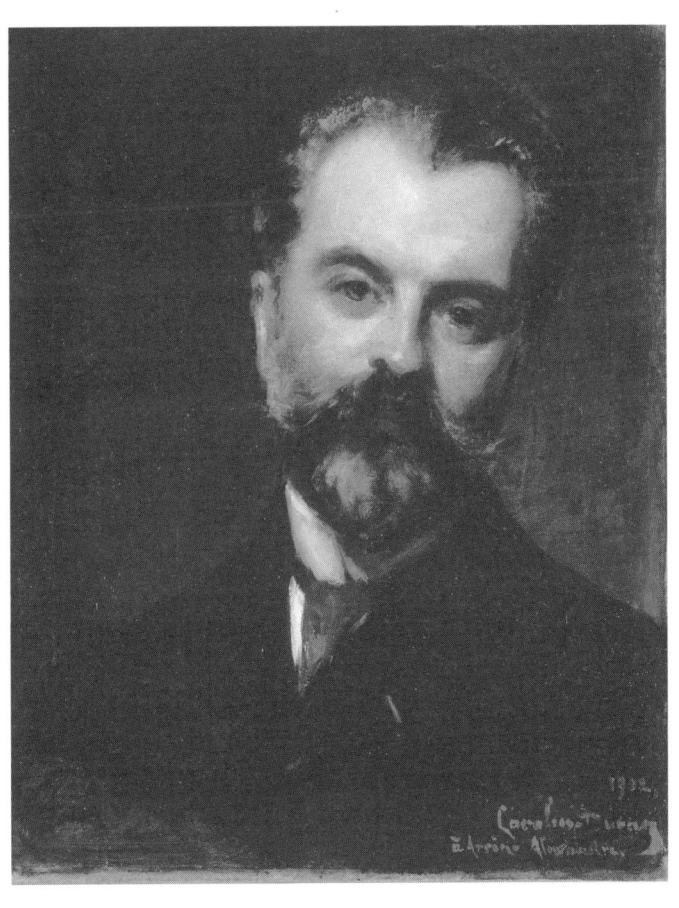

Carolus-Duran, *Retrato de Arsène Alexandr*, 1902
Musée Carnavalet, París

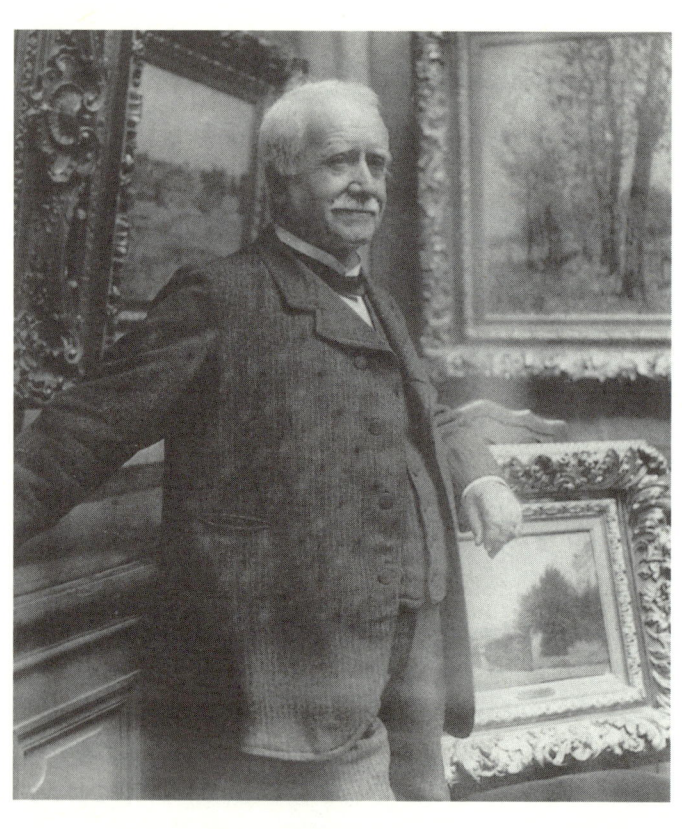

Paul Durand-Ruel en su galería, 1910
Fotografía de Dornac

Paul Durand-Ruel
El "marchante" de los impresionistas

Pierre Cabanne

No todos los compradores se mostraron satisfechos con sus compras, y algunos declararon estar muy poco convencidos con la calidad de sus elecciones. A tenor del Sr. Vollard, el Sr. de Camondo le habría dicho: "Pues sí, acabo de comprar un cuadro que aún no es aceptado por todo el mundo. Pero tengo las espaldas cubiertas. Tengo una carta autógrafa de Claude Monet donde me da su palabra de honor de que el cuadro acabará siendo famoso. La guardo en una bolsa clavada detrás del lienzo, a disposición de los maliciosos que pretendan molestarme con mi *Casa del ahorcado* [cuadro de Cézanne]."

Hace ya sesenta años que las obras maestras de la colección Chocquet quedaron desperdigadas. Esos lienzos se han vendido, desde entonces, a precios estrepitosos y forman parte de las grandes colecciones o de los museos de todo el mundo. Su origen: la "collection Chocquet" es el mejor pedigrí del que presumir, evoca ese zahorí infalible, el primero en reconocer, contra el parecer de todos, imponer y defender el genio del pintor más atacado y vilipendiado de su época: Paul Cézanne.

En pleno apogeo del romanticismo, en el viejo barrio parisino de Saint-Jacques, pintores y grabadores, algunos famosos, otros menos, se reunían en el número 174, en la papelería donde les recibía su propietario, Jean-Marie-Fortuné Durand, que tenía entonces unos treinta años. Había nacido, en efecto, el 6 de octubre de 1800 en Bretaña, en Auray. No sólo era papelero, también vendía lienzos, caballetes, cajas de colores y todos los accesorios del pintor y del acuarelista; eran esos visitantes los que le habían aconsejado aumentar el género.

Jean-Marie Fortuné Durand había encontrado esa tienda en la dote de su mujer, Marie-Fernande Ruel, y él había aportado 2.000 francos al matrimonio. La joven esposa era encantadora, despierta y trabajadora. Sus padres habían comprado la papelería de unos amigos, los Guillot, y ella se había empeñado en hacerla prosperar para proporcionarles algo de alivio entre las estrecheces de la vejez. Su novio se encontró así con un negocio saneado, bien administrado, del que apostó por doblar los beneficios rebautizándolo como "Durand-Ruel".

Los primeros artistas o aficionados asiduos en rue Saint-Jacques no han pasado a la posteridad. Marsaud, alumno de Charlet y de Decamps, que fue secretario general del Banco de Francia, y también acuarelista –expondrá en los *Salons* entre 1840 y 1848. Schroth, otrora experto en cuadros, que había "puesto en boga" en Francia al gran paisajista inglés Constable y que ahora se dedicaba a los grabados. Arrowsmith, por su parte, era uno de los admiradores de Constable, al que incitó a exponer en el *Salon* de 1824, donde sus cuadros causaron sensación, especialmente en Delacroix, del que alteró completamente su visión del espacio abierto. Ese hombre refinado y de gusto certero, tenía en la rue Saint-Marc, una *brasserie* muy concurrida por artistas y literatos donde exponía de manera permanente obras de su compatriota.

Arrowsmith había traído a la tienda de los Durand-Ruel uno de sus amigos, inglés como él, el Sr. Brown, cuyo hijo, John-Lewis Brown, alcanzaría cierta fama como pintor de caballos. Este rico comerciante, con establecimiento en Burdeos, tenía una notable colección de acuarelas firmadas por Constable, Delacroix, Géricault y, sobre todo, Bonington. Él dará a Jean Durand-Ruel la idea de ampliar su comercio y dedicarse también a un negocio poco difundo por entonces en París: la venta de cuadros. El papelero procedió con prudencia. Propuso a varios pintores vender en su tienda, como pago por los materiales que adquirían ahí, sus cuadros, acuarelas y litografías. Esta técnica, apenas importada en Francia por artistas ingleses, estaba muy extendida en Gran Bretaña, y el módico precio de las "lithos", podía atraer un público nuevo. Los primeros a los que se dirigió Durand aceptaron su propuesta y enseguida se vieron en la rue Saint-Jacques obras de Decamps, de Charlet, de los hermanos Deveria y de Tony Johannot, por entonces muy apreciados. Todos se convirtieron en *habitués* de la casa donde coincidían también artistas más jóvenes y aún oscuros como Théodore Rousseau, Jules Dupré, Camille Fiers o Louis Cabat que empezaban a exponer en el *Salon*.

La pareja recibía a sus amigos, bien en la tienda, bien en el primer piso, en un amplio comedor donde los Durand-Ruel colgaban sus obras favoritas.

La muerte, aún infante, de los dos primeros hijos, entristeció el hogar, pero la llegada de una hija, el 27 de octubre de 1827 y, más aún, de un hijo, el 31 de octubre de 1831, disiparon las penas. Este último, Paul, pudo lucir definitivamente el apellido doble, una vez que el padre recibió la autorización legal para unir su apellido con el de soltera de su mujer, y vincular el modesto comercio de sus padres a una de las aventuras más audaces del arte francés: el impresionismo.

La venta de las obras expuestas iban a ritmo lento, y la tienda no se vaciaba. A los artistas y a los aficionados se unieron pronto gentes de mundo y Jean Durand-Ruel casi se desmayó un día viendo entrar a los jóvenes príncipes de Orléans, los hijos del rey Luis-Felipe, por entonces alumnos del cercano liceo Henri IV, así como a los duques de Orléans, de Joinville y de Aumale.

Estos colegiales que, como sus compañeros de pupitre, iban a la tienda a comprar material escolar, se habían detenido delante de los cuadros y acuarelas de Decamps y de Troyon, las litografías de Charlet, de Gavarni o de Raffet que estaban junto a unos cuadros de Corot, de Géricault, de Delacroix, de Bonington y de Marilhat. Fue ante un cuadro de este último que el príncipe de Joinville, el más pequeño de los infantes, se detuvo más tiempo.

Con veinte años, Prosper Marilhat había tenido la suerte de ser contratado como dibujante por un alemán adinerado, el barón de Hugel, que emprenderá una expedición científica en Oriente. Enviaba regularmente a Durand-Ruel paisajes de Grecia o de Palestina, uno de los cuales gustó al príncipe que lo compró en el acto. "El rey me regañó, confesó algunas semanas después al marchante, y casi se lo traigo de vuelta.

- ¿Por qué? –preguntó sorprendido Durand-Ruel.

- Marilhat no fue admitido al *Salon*."

El *Salon* era en efecto en esa época, para el público y para la crítica, el único aval de talento. Y ocurría que los jóvenes pintores que no se sometían a las frías convenciones académicas defendidas por el jurado del *Salon*, eran despiadadamente rechazados. Encontraban, sí, una venganza en las paredes de Durand-Ruel, pero esto no bastaba para avalarlos.

En 1833, Durand-Ruel pensó en dejar la rue Saint-Jacques para acercarse a los barrios residenciales donde vivían la mayoría de sus clientes y de los adinerados aficionados. Dejó a uno de sus empleados, Van Blotagne, la gestión de la papelería y abrió nueva tienda, dedicada sólo a la venta de cuadros y de materiales para artistas, en la esquina de la rue des Petits-Champs con la rue de la Paix. Esta novedad atrajo a mucha gente; la tienda estaba en una buena ubicación, donde apenas tenía competencia; los pocos marchantes de cuadros de París: Giroux, en el boulevard de la Madeleine, Susse, en la place de la Bourse y Biriant, en la rue de Clay, tenían además esa oferta como complementaria a su actividad principal: artículos de lujo, objetos decorativos o materiales para artistas, respectivamente.

Jean Durand-Ruel fue el primero en especializarse en la venta de cuadros, aun sin renunciar a las otras dos tiendas que tenía, pues el precio de los cuadros y las acuarelas, entonces mínimos, no le dejaban apenas ganancia.

En 1843, la galería se trasladó al otro lado de la rue des Petits-Champs, a un local peor ubicado pero más económico. Se entraba por una amplia sala cubierta de arriba a abajo de cuadros, siguiendo la moda de entonces, sin dejar un resquicio libre; ahí, los visitantes podían contemplar los cuadros a la venta; pero lo mejor lo tenía Jean Durand-Ruel en el primer piso, en dos grandes salones adjuntos a su apartamento.

Esos salones, luminosos, eran lugar de reunión de todos los aficionados y coleccionistas de París, que disponían ahí de butacas y cómodos canapés para conversar o examinar los bronces de Barye colocados sobre una mesa en el centro de la sala. En invierno, se charlaba junto a la chimenea y, salvo encima de ésta, donde había un espejo, y por las puertas, todo estaba cubierto de cuadros, hasta el techo.

Los visitantes también tenían a disposición dos volúmenes de ciento veinte reproducciones dedicadas a la "galerie Durand-Ruel, spécimens les plus brillants de l'école moderne", que se abría con una litografía de Daubigny replicando uno de los salones del primer piso.

Admiraban a los "chicos" del audaz marchante: Decamps, Jules Dupré, Camille Fiers, Roqueplan, Marilhat, Diaz, Théodore Rousseau, por entonces tenidos por escandalosos revolucionarios porque pintaban al aire libre. Y también podía ver obras de artistas más veteranos, pero criticados por un gran público aun fiel a las visiones históricas y neo-antiguas de David. A pesar de su inmenso genio, el mismísimo Delacroix, del que Ingres no dudaba en decir que pintaba "con una escoba borracha", apenas era aceptado.

La gente de mundo, por desgracia, compraba poco. Decepcionado, Jean Durand-Ruel no por ello renunció a su actividad y, ante el estupor general, mientras se esperaba su retirada, alquiló en 1846 una segunda tienda, en el boulevard des Italiens, uno de los rincones más animados de París. Esta jugada sorprendió a sus amigos y a sus clientes; nadie pensó ya que su negocio fuera tan poco próspero como decía. Se trataba por parte del audaz marchante de un buen cálculo; aunque le costara reunir los 15.000 francos, una cifra considerable en esa época, del alquiler.

"A partir de ahora, le dijo a su hijo Paul, ya en la quincena, trabajarás conmigo"

Dócil, el chaval dejó el colegio. Las ventas repuntaron. Extranjeros o gentes del mundo de las finanzas –la Bolsa estaba cerca–, solían acercarse a la tienda; la facturación empezó a subir y el futuro era prometedor cuando estalló la *Revolution* de 1848. Fue un desastre para él que, pasados los eventos, tuvo que subarrendar el local del boulevard, dejar de comprar y vivir de sus ahorros.

Y así, cuando, tras el golpe de Estado del 2 de diciembre de 1851, los negocios se reanimaron, se vio con un *stock* muy menguado y sin la posibilidad de aprovechar esa confianza renacida. La falta de previsión o de olfato de su padre dejó al joven Paul pensativo. Este oficio, cuyo éxito o fracaso dependía del azar o de la suerte, le convencía cada vez menos y dudaba entre dos opciones: irse de misionero o hacerse oficial. Se decantó por lo segundo y se preparó para el examen de ingreso en el colegio militar de Saint-Cyr, donde fue admitido. Por desgracia, enfermó poco después, teniendo que renunciar, con gran pesar y por consejo de los médicos, a la carrera militar.

Paul retomó, menos por gusto que por obligación, el comercio de cuadros. Quiso contentar a sus padres y a tal fin mejoró sus conocimientos de arte, educó su juicio y su mirada. A veces, volviendo del Louvre, por la tarde, fantaseaba con su futuro truncado y ese deseo que tuvo de llevar por el mundo, como sacerdote o soldado, las bondades del colonialismo francés.

En su casa, junto a su padre, trataba con los pilares más fieles de la galería: Rousseau, Dupré, Diaz o Millet, este siempre insolvente; el comercio se reanimaba poco a poco, y Paul se dedicaba a él; su dios era entonces Delacroix, cuyas obras veía a menudo en las subastas. El comercio de cuadros, gracias a la prosperidad creciente, iba adquiriendo siempre mayor volumen. Surgieron competidores, como Francis Petit, Détrimont, Weyl, Thomas, Cachardy, Febvre o Goupil, y la firma Durand-Ruel no conseguía recuperar el terreno perdido; y los pintores que promovía seguían vendiéndose poco y mal. Diaz, Rousseau, Daubigny o Millet tenían escasos compradores, a pocos centenares de francos el cuadro. En una subasta pública, en 1850, un conjunto de obras de Théodore Rousseau alcanzaba a duras penas los 8.000 francos.

En 1856, Jean Durand-Ruel se instaló en la rue de la Paix donde sus negocios conocieron de inmediato, gracias a la excelente ubicación, un rápido crecimiento. Paul se puso entonces a viajar por las provincias de Francia y por el extranjero –Holanda, Inglaterra y Alemania–, dando a conocer, y vendiendo, los pintores de la galería.

Vendió muchos cuadros en Londres, donde el duque de Aumale, por entonces ahí exilado, y que seguramente recordaba sus primeros asombros de colegial en la tienda de la rue Saint-Jacques, hizo importantes compras.

Por desgracia el año 1856 será de los peores para el futuro zahorí del Impresionismo; murió su madre, enfermando poco después su padre, que tras larga enfermedad, morirá en 1865. Paul, que se había casado tres años antes, se convertía en el único dueño de la firma.

Sólo las subastas públicas permitían subir los precios de los cuadros, y Paul Durand-Ruel no dejaba de pujar en ellas para "aumentar" todo lo posible los de sus pintores. En 1868, en la subasta del rico egipcio Khalil bey, cuya colección casi por completo había alimentado su padre, logró sobrepujar y recomprar por 46.000 francos *El asesinato del obispo de Lieja* de Delacroix, vendido en su día

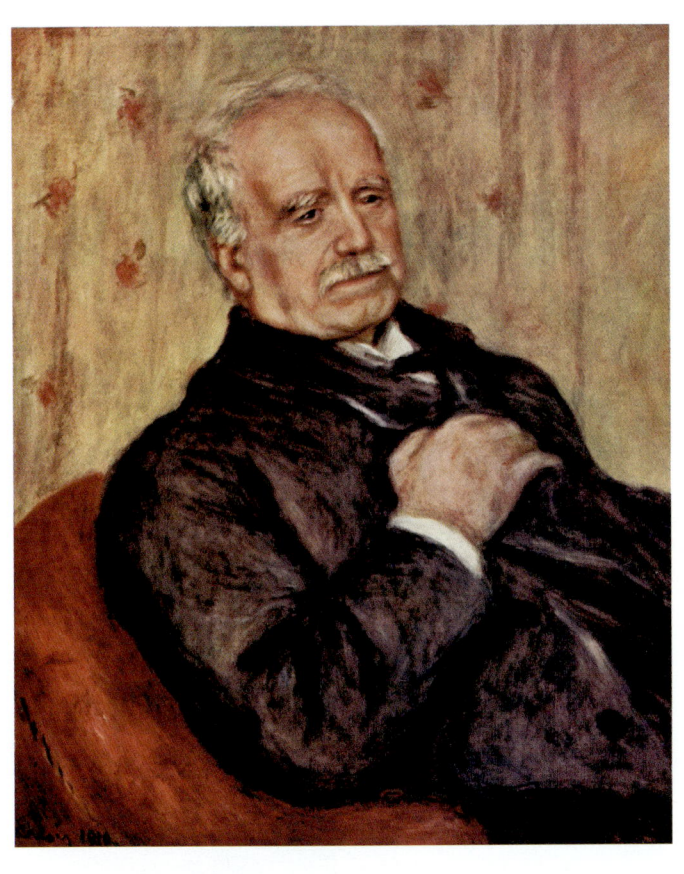

Pierre-Auguste Renoir, *Paul Durand-Ruel*, 1913
National Gallery, Londres

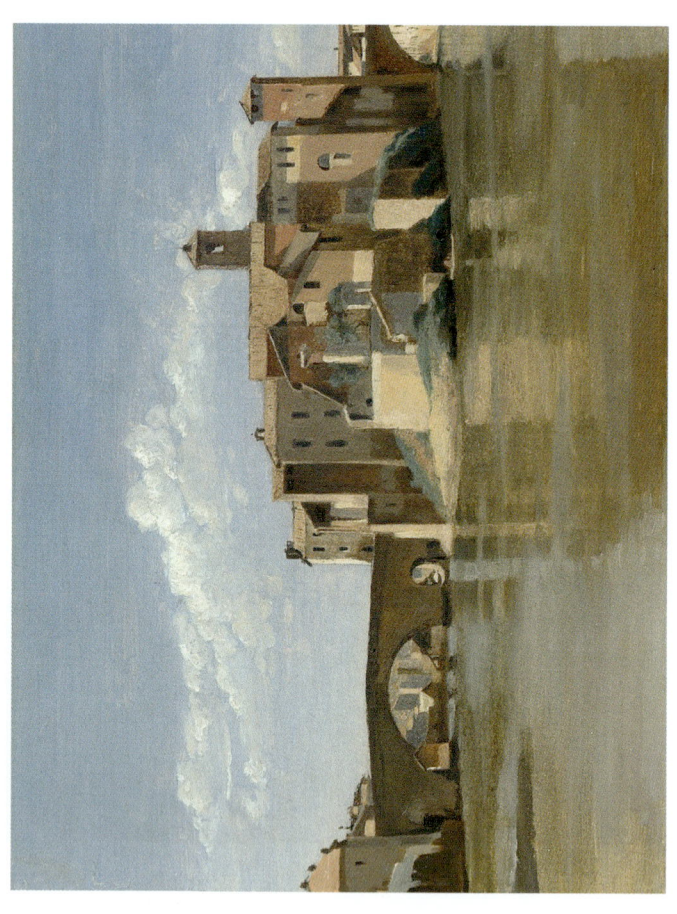

Jean-Baptiste Corot, *La isla y el puente de san Bartolomé, Roma*,
c. 1827, National Gallery of Art, Washington

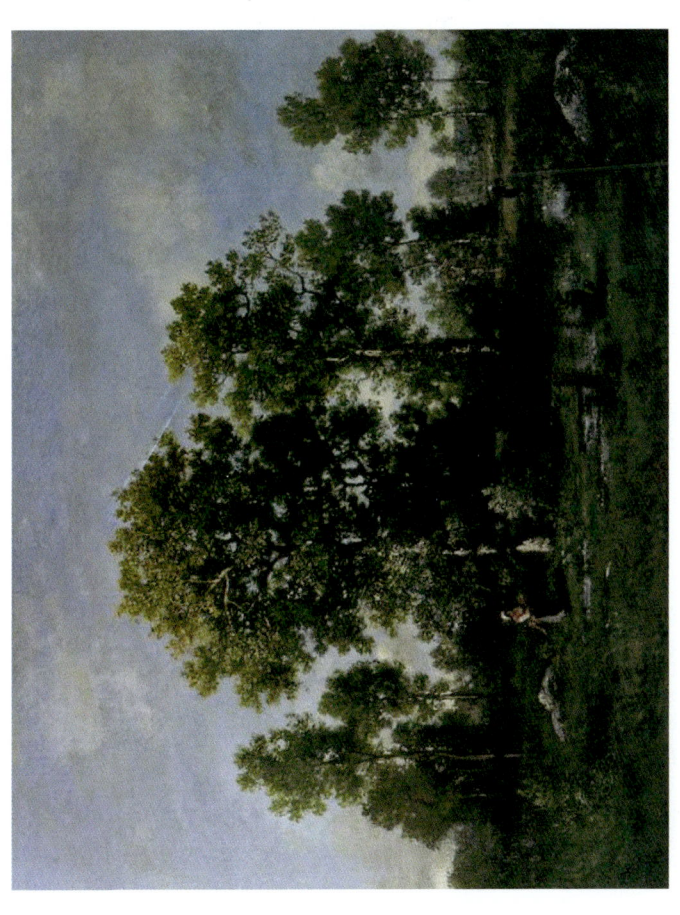

Narcisse Diaz de la Peña, *Día soleado en el bosque*, c. 1855
National Gallery, Londres

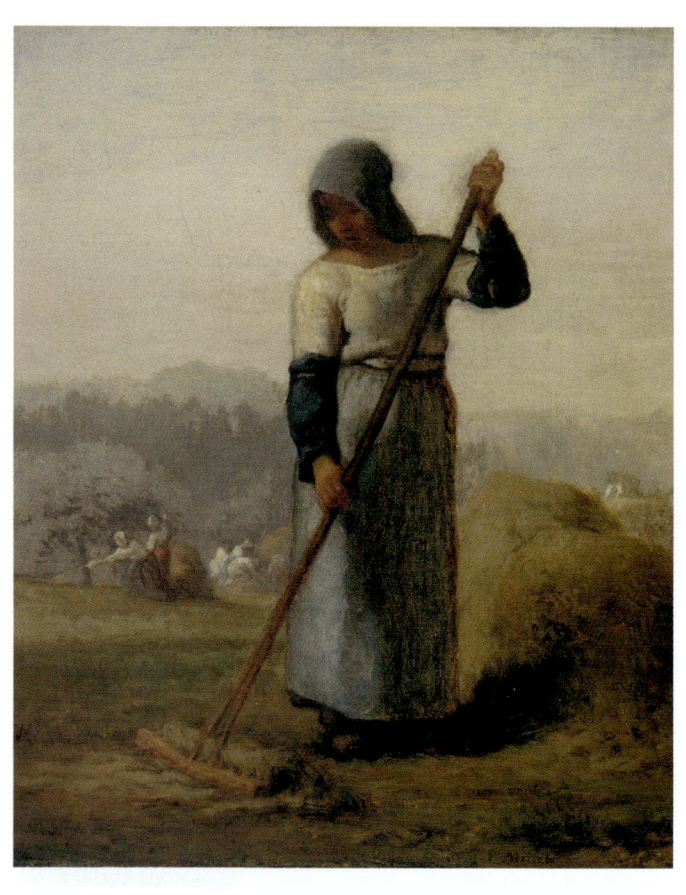

Jean-François Millet, *Mujer con rastrillo*, c. 1856
Metropolitan Museum of Art, Nueva York

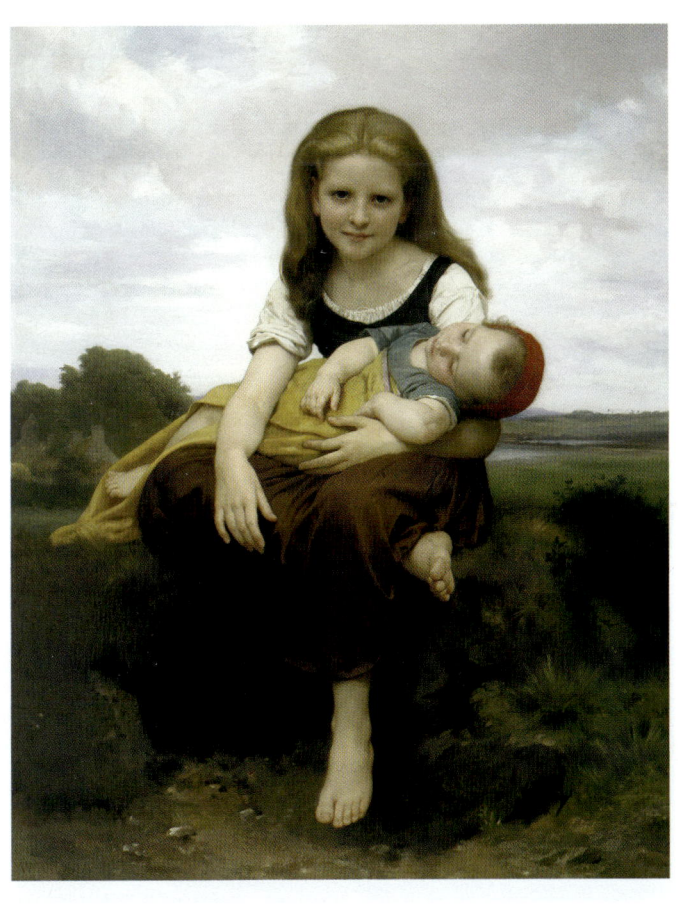

William-Adolphe Bouguereau, *La hermana mayor*, 1869
Museum of Fine Arts, Houston

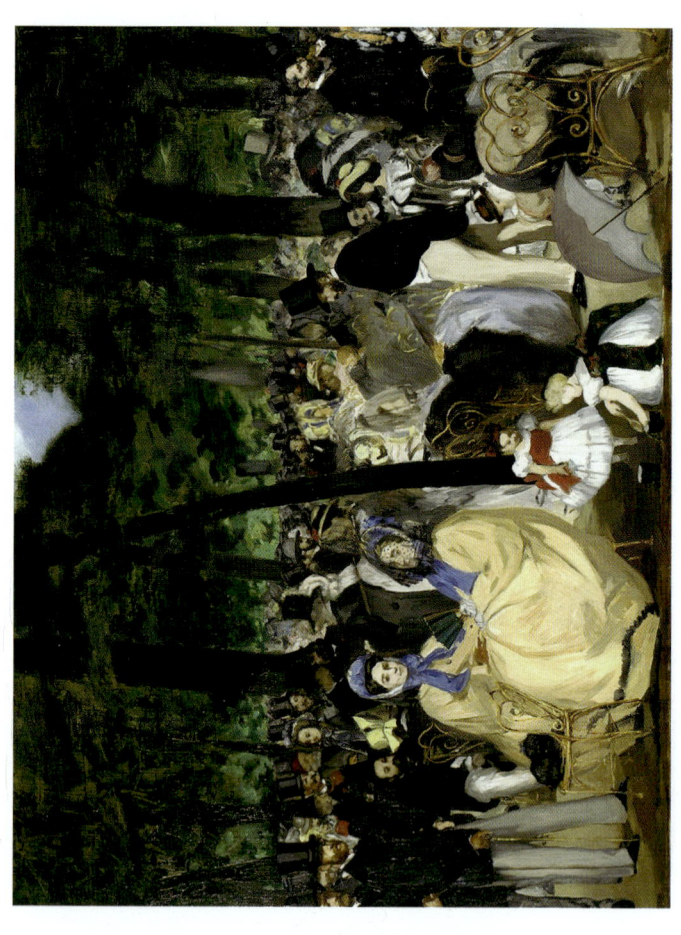

Édouard Manet, *Música en las Tullerías* (detalle), 1862
National Gallery, Londres

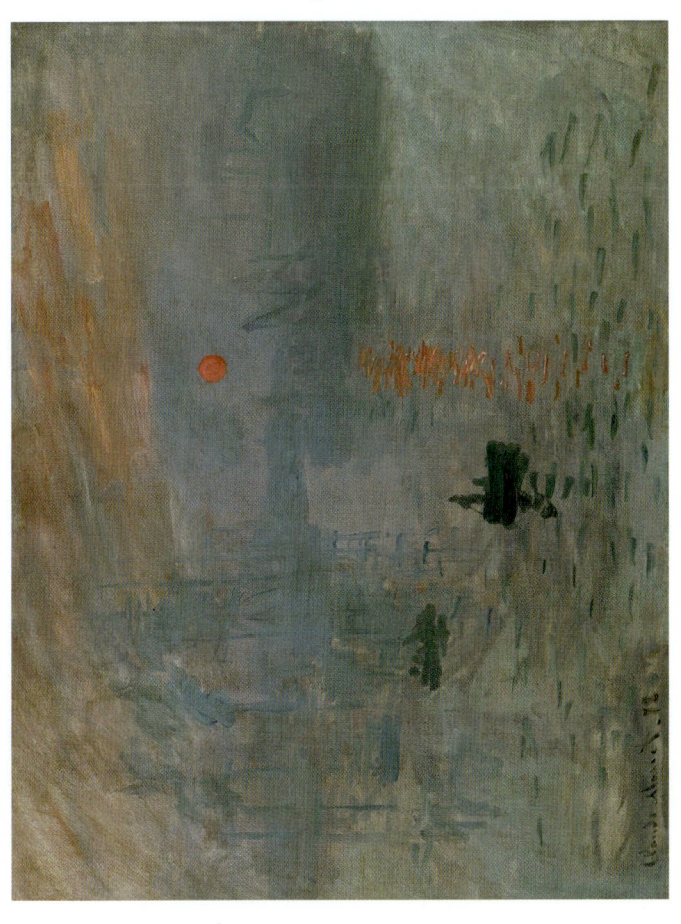

Claude Monet, *Impresión, amanecer*, 1872
Musée Marmottan Monet, París

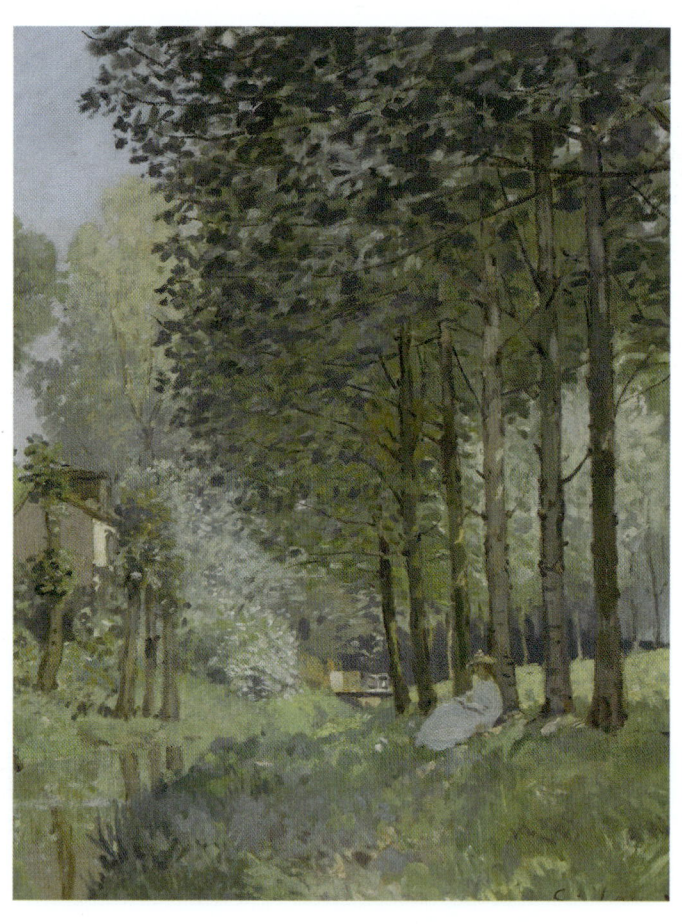

Alfred Sisley, *Descanso en la orilla*, 1878
Musée d'Orsay, París

por 39.000, y por 27.000 *Callejón de castaños* de Théodore Rousseau, por el que Khalil pagó 14.000. Este cuadro, rechazado en el *Salon* de 1837, está hoy en día en el Louvre.

Los tiempos habían cambiado. Apoyado por uno de sus colegas, Hector Brame, cuyos gustos eran idénticos a los suyos, nuestro audaz marchante multiplicaba su negocio y conseguía poco a poco imponer los pintores de su galería. Así, su tesón, su iniciativa, su olfato... y su suerte, cualidades todas potenciadas por el desarrollo del mercado del arte, favorecían una empresa que, poco años antes, renqueaba.

Las capacidades de Durand-Ruel fueron tales que pudo afrontar la compra de colecciones enteras como la del príncipe Napoléon, hermano del emperador. Semejantes compras tuvieron gran impacto, poniendo en boca de todos el nombre de nuestro marchante. Éste, sin embargo, se preguntaba si no debía, como sostenía su mujer que temía que el exceso de pasión quebrara las cuentas de la firma, ser más prudente. La política puesta en marcha por el hijo del papelero era sin duda muy arriesgada. "Para mantener los precios, explicará más tarde, nunca hay que tener prisa en vender y siempre hay que estar dispuesto a pagar más en las subastas públicas."

Durand-Ruel, sin embargo, no tenía un capital tan ingente como para afrontar sendos retos. Por otro lado, nunca contó con una financiación digna de consideración. Debía por tanto depender de la suerte.

El 10 de diciembre de 1869, le escribió a un coleccionista americano, el Sr. Borie, una carta que supone una auténtica profesión de fe:

"Estimado Señor,

... Resulta penoso ver cómo proceden la mayoría de las personas que quieren comprar cuadros. Les aconsejan a menudo gentes desconfiadas o ignorantes y acaban comprando horrores a precios altísimos. Para mi, que quisiera hacer este comercio con lealtad y sin engañar a nadie, resulta difícil progresar. Es una lucha contra todos aquellos a los que conviene obviar la verdad. Es la lucha que pretendo hacer, pero es muy dura y, sin el apoyo de los artistas y de los verdaderos aficionados como usted, sería desalentador. No recibí la carta del Sr. Gibson ni la del Sr. Fell, pero dígales que les enviaré sólo buenos cuadros si tienen a bien confiar en mi. Siempre estaré dispuesto a recomprar lo que vendí, salvo por aquellas obras ahora en boga, muy apreciadas y muy caras, y que mañana no valdrán ni dos perras."

***

Algunos meses después de la guerra, Paul Durand-Ruel se mudó al número 7 de la rue Laffitte. Al estallar el conflicto, mandó a su mujer y a sus cinco hijos al Périgord, y trasladó a Londres la mayoría de sus cuadros, siguiéndolos poco después. Contaba con poder seguir, desde la capital británica, sus fructuosas operaciones, que le habían permitido hacerse una fortuna y una buena reputación. Colocó su fondo en el número 159 de New Bond Street, en una amplia galería y alquiló para él una pequeña casa con jardín en Brompton Crescent, donde luego llegaron su mujer y cuatro de sus hijos.

Las exposiciones inglesas de pintura francesa organizadas por Durand-Ruel tuvieron mucho éxito, gracias a lo cual nuestro marchante pudo enviar algún dinero a sus "chicos", que se habían quedado en Francia sin recursos, caso de Millet, Jules Dupré, Diaz, Fromentin, o Van Marcke refugiado en Bruselas, al igual que Brame.

Un día de enero de 1871, paseando por los muelles de Londres, Paul Durand-Ruel vio un pintor sacando un boceto del Támesis. Se acercó, curioso, y reconoció con sorpresa a Daubigny. Los dos hombre, felices de encontrarse, se saludaron efusivamente y, enseguida, el marchante le preguntó al artista si vivía en buenas condiciones. "No me quejo, respondió Daubigny, pero Monet, él sí lo está pasando mal."

Durand-Ruel no conocía al joven pintor del que había apreciado sus obras en el *Salon*, y ni siquiera sabía que estaba en Londres. Le pidió a Daubigny que lo llevara a su galería y, algunos días después, Monet apareció, con unos lienzos debajo del brazo. Pálido, enjuto detrás de su espesa barba, habló de sus dificultades y de cómo Daubigny le había dado una mano.

"Sabe usted que Pissarro también está aquí?" le dijo Durand-Ruel.

Monet sobresaltado: "¿Pissarro? ¡No es posible!

- Pues sí. Le acabo de escribir, felicitándole por un cuadro y pidiéndole otros más. Aproveché para darle su dirección, que Daubigny me había señalado. Al pobre, los prusianos le han destrozado su casa de Louveciennes y con ella todos sus cuadros, pero está trabajando de nuevo con ahínco. Espero vender muchos de sus lienzos a los *amateurs* ingleses."

Daba gusto ver la alegría de Monet. Ya no estaba solo en la enorme ciudad extranjera; y quizá podría vivir de ahora en adelante con más deshago y hasta mandar algún dinero a su compañera, Camille, que seguía en Francia con el hijo de ambos. Como había prometido, Durand-Ruel compró algunos lienzos a Monet y a Pissarro por dos o trescientos francos cada uno. No era mucho, pero nadie entonces habría dado tanto. Ambos pintores difícilmente conseguían vender sus cuadros a más de 50 francos.

El marchante parisino organizó diez exposiciones en Londres entre 1870 y 1875, mostrando un total de 120 o 130 lienzos, entre los cuales había obras de Manet, Monet, Sisley, Pissarro, Diaz, Renoir, Degas, Daubigny, Cabanel,

Dupré, Fromentin, Isabey, Ricard, Ziem o Roybet. Los aficionados ingleses, Murietta, Forbes, Ionidès, Mieville, Louis Hutts, etc..., mostraron interés, tanto como la prensa en la que los críticos publicaron artículos muy elogiosos.

Fue por entonces cuando Durand-Ruel formuló su evangelio: "Un verdadero marchante de cuadros debe ser también un fino aficionado, dispuesto a sacrificar, de ser necesario, su interés más inmediato en beneficio de sus convicciones artísticas, y siempre en contra de los especuladores antes que sumarse a sus tretas."

Terminada la Comuna, confió el cuidado de la galería de Londres a uno de sus empleados, y volvió a París con su mujer, a la que una breve enfermedad matará al cabo de pocas semanas, quedando el viudo muy desamparado. El desventurado nunca se sobrepuso a esa pérdida prematura, cuyas consecuencias no tardarían en manifestrase.

Es muy probable, en efecto, que la sabiduría y el sentido común de esa esposa modelo hubieran evitado a Paul Durand-Ruel cometer algunos errores que durante años pesarán sobre la marcha de la firma.

"Huérfano de sus consejos, escribirá, nada me retuvo ante el camino peligroso por el que me llevaba mi pasión por las bellas obras de nuestros grandes artistas y mi convicción de que el éxito pronto recompensaría mis esfuer-

zos. Sin sopesar las posibles consecuencias de mis impru-
dencias, me embalé en unas compras desproporcionadas
a mi situación."

La Sra. Durand-Ruel se había, en efecto, preocupado,
cuando, pocos meses antes de la guerra, su marido, no
teniendo el capital necesario, recurrió al financiero anglo-
turco, Edwards, para organizar una subasta de cuadros.
Este procedimiento, en que un testaferro sustituye al marchante, no era habitual y no dio los resultados esperados.

También innovó comprando la totalidad de un "taller",
el de Thédore Rousseau. Nunca un marchante se había
arriesgado a asumir la producción de un pintor del que lo
menos que cabe decir es que estaba aún muy lejos de ser
apreciado por todos.

Durand-Ruel tuvo éxito con esta jugada, primero porque Rousseau murió poco después, luego porque en la
subsiguiente venta pudo decididamente "aupar" o hacer
subir los precios. Una vez más la suerte le acompañó.

En 1871, apostó por Pissarro y Monet, al igual que su
padre lo había hecho con los paisajistas de 1830, pero las
condiciones habían cambiado: Francia había perdido la
guerra, estaba mutilada, y ya no gozaba de la prosperidad
económica de la que tanto tiempo había disfrutado. Se
compraba menos, y más barato. Además, los aficionados
y los marchantes buscaban valores seguros; pocos eran los
que se arriesgaban.

Paul Durand-Ruel fue uno de ellos. El riesgo era su razón de ser. En 1873, poco después de la muerte de su mujer, estando en el taller del pintor belga Alfred Stevens, vio en el suelo dos Manet, *Claro de luna en el puerto de Boulogne* y un *Bodegón con salmón* que el propio Manet, muy falto de dinero, había confiado a su amigo belga para que intentara venderlos.

"Si esos lienzos le interesan, están en venta", le dijo el pintor.

Paul Durand-Ruel no lo dudó; una vez más había sentido algo. ¡Poco importaban las consecuencias! Ya en su casa, contempló largamente los dos cuadros, pagados 800 francos cada uno, y los encontró más bellos que en el taller de Stevens. Fue enseguida a ver a Claude Monet, al que le pidió que le condujera al taller de Manet; algunas horas después, los dos hombres llamaban a la puerta de la rue de Saint-Pétersbourg, detrás de la estación de Saint-Lazare.

Al salir del taller de Manet, Durand-Ruel había comprado todos los cuadros que ahí estaban, es decir, 23 por 35.000 francos.

Algunos días después, regresó y compró otro lote, en el que había obras tan importantes como *La música en las Tullerías*. Lo pagó 16.000 francos.

Estas compras fueron las primeras de unas adquisiciones importantes de las que se beneficiaron los "innovadores", como se llamaba a los jóvenes pintores contrarios al espíritu académico del *Salon*: Degas, Monet, Pissarro, Sisley o Renoir. Durand-Ruel hizo en su galería una exposición de sus obras que pasó desapercibida para el gran público pero que, paradójicamente, al mostrar los lienzos de Manet y de Puvis de Chavannes, el futuro decorador de los palacios de la IIIª República, entonces completamente desconocido, aunque mucho más "clásicos", provocaron un fuerte rechazo. La prensa desató una violenta campaña de protesta, no sólo contra las obras expuestas sino contra el marchante culpable de mofarse del público. También algún cliente habitual le reprochó su falta de buen gusto.

"¿Cómo puede usted, le dijo uno, tras haber sido de los primeros en apreciar la Escuela de 1830 defender ahora estas mediocridades?"

Durand-Ruel no se atrevió a responder que, cuarenta años atrás, esa Escuela de 1830 había recibido tantos insultos y mofas como ahora Manet y Puvis.

Clientes hasta entonces fieles, se alejaron de su tienda y un colecionista le espetó un día: "Querido, como siga con esos extraños gustos, ¡acabará usted en el manicomio de Charenton! "

Palabras necias, sin duda; pero había que ser realista y Paul Durand-Ruel veía cómo sus clientes se alejaban; debido a lo cual tuvo que suspender las compras a los jóvenes artistas que apoyaba, provocando entre ellos verdadera consternación. "Mi descrédito fue tal, confesaría más tarde, que todo cuanto pasaba por mis manos parecía perder valor, y tuve, para poder responder a mis muchas obligaciones, que vender con pérdida, incluso a mitad de precio, las obras más notables de Corot, Delacroix, Millet, Rousseau, Dupré y otros maestros."

Y añadió, desconsolado: "De vivir mi mujer, me habría disuadido de tomar esos caminos"

Los "innovadores", tras asociarse, expusieron por primera vez en la tienda del fotógrafo Nadar, en el boulevard des Capucines, el de 15 abril de 1874. Este recurso era, ante la obligada retira de Durand-Ruel y los reiterados rechazos del *Salon*, la última opción que tenían para darse a conocer. El fracaso fue total y el público, tanto como la prensa, redobló insultos y burlas para aquellos que el periodista Louis Leroy acababa de bautizar despectivamente como "los impresionistas".

La situación que atravesaba nuestro marchante era tal que no pudo comprar ni un solo cuadro en la subasta organizada, con su ayuda, un año después, en el Hôtel Drouot, por esos jóvenes pintores. La prudencia con la que debía protegerse le impidió incluso "aupar" el precio de los lotes como hacía antes. Las obras subastadas se adjudicaron a precios bajísimos entre risas y gritos airados.

Pero Paul Durand-Ruel no renunció a la lucha. Seguía sosteniendo que había que provocar el destino y, así, decidió acoger en su galería la segunda exposición de los "impresionistas". Eso habría de suponer, muy seguramente, perder los últimos clientes que aún confiaban en él, pero quizá también implicaría acoger y formar una nueva élite de aficionados; y el audaz marchante pensó que merecía la pena correr el riesgo. Por desgracia, fue otro fracaso. La suerte abandonaba a Paul Durand-Ruel; también es cierto que el mercado del arte atravesaba una situación muy crítica, con una desgraciada confusión en las cotizaciones.

Las subastas después de la muerte de Corot, de Millet, de Daubigny –realizada ésta por Brame–, de Barye o de Diaz cerraron con precios muy bajos. El desinterés por estos artistas era tan persistente como la hostilidad hacia los "impresionistas", y algunas de sus obras remataron en unos pocos centenares de francos. El favor estaba con los pintores académicos, con Meissonier, Cabanel, Gérome o Bouguereau cuyas reputaciones crecían; a ellos se concedían honores y encargos estatales. En la venta organizada en 1878 por el cantante Faure de algunas obras de su magnífica colección, dos Manet, el *Bon Bock* y *Baile de la Ópera* tuvieron que retirarse ¡por falta de pujas!

No sólo Durand-Ruel ya no compraba, sino que para sobrevivir tenía que vender a precios irrisorios obras importantes de su fondo. Su descrédito persistía y a un amigo que le preguntó con motivo de la venta Hoschedé, del 5 de junio de 1878, porqué no intenta hacer subir el precio de algunos cuadros, le respondió, la muerte en el alma: "De pujar, irritaría aún más al público..."

Ahí estaban, en efecto, los gritos hostiles o los comentarios hirientes de los presentes, cuando se presentaban los Manet, los Sisley, los Monet, los Pissarro o los Renoir. Esta situación durará aún dos o tres años.

En el verano de 1878, Paul Durand-Ruel intentó una nueva jugada; reunió en su galería las obras más bellas de la Escuela de 1830 que le prestaron los coleccionistas, logrando en esta ocasión impresionar favorablemente a los visitantes. La calidad de las obras expuestas, firmadas por Delacroix, Corot, Millet, Rousseau, Courbet, Daubigny, Ricard, Decamps, etc..., era tal que los coleccionistas debieron reconocer el buen gusto y el atinado olfato del marchante; muchos de esos coleccionistas volvieron a frecuentar la galería de la rue Laffitte y Paul Durand-Ruel pudo confiar en recuperar el favor perdido.

Sólo los extranjeros seguían siendo escépticos; Hermann Schauss, uno de los mayores marchantes de Estados Unidos, declaró al visitar la exposición: "Jamás estos cuadros tendrán salida en nuestro mercado."

Paul Durand-Ruel no dijo nada. Dos años más tarde, el propio Schauss se confesó incapaz de atender las innumerables peticiones de los coleccionistas americanos deseosos de tener obras de los pintores franceses de la Escuela de 1830.

Sin embargo, parte de la opinión empezó a posicionarse a favor de los expositores de 1874. El libro *Les Peintres Impressionnistes* de Théodore Duret tuvo mucha repercusión y el público se fue acostumbrando a esta nueva visión, tanto que la exposición de 1879, la quinta, suscitó menos críticas.

Mientras tanto, Durand-Ruel intentaba remontar. El éxito de la exposición de la Escuela de 1830 le había permitido recuperar parte de su clientela; dos años más tarde, en 1880, el director del banco Union Générale, el Sr. Feder, aficionado a la pintura al que había conocido poco tiempo antes, puso a su disposición importantes sumas de dinero que le permitieron hacer transacciones que favorecieron a sus pintores predilectos. No sólo pudo comprar muchos cuadros a Monet, Pissarro, Renoir, Degas y, más aún, a Sisley, el más necesitado de todos ellos, sino propiciar en las ventas la subida de sus cotizaciones. Hizo también una buena operación recomprando a Edwards, y poniéndola a la venta, la colección de lienzos que le había dado, algunos años antes, como aval de unos préstamos. Había ahí obras de Manet, de Delacroix, des Courbet y de pintores románticos que alcanzaron precios muy altos.

La suerte parecía estar de vuelta cuando un acontecimiento inesperado le dispensó un golpe terrible: el *crac*, el 1º de febrero de 1882, de la Union Générale y el colapso financiero del Sr. Feder a quien su deudor tuvo que devolver de inmediato las sumas que le había adelantado. Una vez más, las esperanzas se esfumaban, sus esfuerzos se evaporaban y el crédito dejaba de fluir. Para vivir, nuevamente, tuvo que subarrendar su apartamento y sus galerías, lo que no le impidió organizar en el mes de marzo la séptima exposición impresionista, en el número 251 de la rue Saint-Honoré.

Su rival, Georges Petit, se apresuró entonces en replicar montando una "Exposition Internationale", cuya suntuosa instalación atrajo de inmediato al público más elegante. Seducidos por ese lujo, Monet y Pissarro pidieron a Durand-Ruel organizar una exposición de sus obras ¡en los locales del fastuoso Petit! Pero el marchante rechazó la propuesta con brío. "Justamente acabo de acondicionar un nuevo local, en el boulevard de la Madeleine –replicó a sus interlocutores, atónitos ante tal audacia–, con la idea de organizar pequeñas exposiciones individuales."

Los dos pintores estaban convencidos de que Durand-Ruel faroleaba para disimular sus dificultades, pero, como todos aquellos a los que Durand-Ruel apoyaba moral y financieramente desde tanto tiempo, no se atrevieron a zafarse.

La primera de esas exposiciones se dedicó, en febrero de 1883, a la obra de Boudin, luego les tocó a Manet, Renoir, Pissarro y Sisley.

A pesar de los precios modestos, y gracias sobre todo a un préstamo recibido –¡avalado con los marcos y no con los cuadros!–, Paul Durand-Ruel, olvidando esa pequeña ingratitud, pudo seguir dando dinero a sus pintores.

Sin descanso, buscó una manera de superar sus dificultades financieras.

"...Durand-Ruel está inquieto, pero nos tiene muy presentes –le escribe Pissarro a Monet, el 12 de junio de 1883. Oigo a los otros marchantes decir "no tiene ni para ocho días", pero ya son meses que la cosa sigue así. Esperemos que se trate sólo de un mal momento..."

El marchante seguía luchando: organizó exposiciones impresionistas en Londres, en Boston, en Róterdam, en Berlín, pero los resultados no eran muy buenos en lo económico.

En 1884, Paul Durand-Ruel debía al menos un millón de francos-oro. Sus rivales se frotaban las manos; según ellos, nunca se recuperaría; algunos, para acabar antes con él, incluso quisieron involucrarlo un un comercio de falsificaciones. Pero no cayó en la trampa, y respondió con una dignidad y una fuerza que cerraran la boca de sus adversarios; pero la situación era grave, la jauría estaba al acecho y él no escondía su amargura y su angustia.

"Quisiera poder irme al desierto", le escribió, melancólico, el 9 de junio de 1884, a Pissarro.

Pero su suerte –ahí seguía– fue que su situación coincidió con una caída general del mercado de la pintura. Cabía entonces esperar recuperarse cuando volvieran a animarse los negocios.

En otoño de 1885, Durand-Ruel recibió una inesperada invitación: venía de un grupo artístico de Nueva York, la "American Art Association", que le solicitaba organizar, en la metrópoli americana, una exposición de pintores impresionistas. Era la tabla de salvación, el remedio *in extremis*. El marchante, encantado, pensó que con esto todo se solucionaría. Su nombre era conocido en América, donde los pintores de 1830 empezaban a alcanzar cotizaciones importantes.

"No piense que los americanos son unos salvajes –le escribió a Fantin-Latour. Son por el contrario menos ignorantes, menos acomodaticios que nuestros aficionados franceses."

Por desgracia, los pintores de su galería no compartieron su convicción. Monet, cuya tirantez comercial aumentaba y que seguía mirando hacia Petit, le mandó una carta desde Giverny llena de reproches: "Confieso que me dolería ver algunos de esos cuadros ir al país de los Yankees, quisiera que los mejores se quedaran en París, pues sólo en París hay un poco de buen gusto... "

En realidad, si Monet se negaba a ceder sus mejores obras a Durand-Ruel, era porque esperaba recabar grandes beneficios exponiendo con Petit. Para sus pintores habituales, Durand-Ruel ya no garantizaba buenos ingresos, y muchos de ellos se ofrecieron a otros marchantes.

A Durand-Ruel le dolió esta desafección, no obstante lo cual el 13 de marzo de 1886 partió hacia Nueva York, llevándose 300 cuadros.

La primera exposición anunciada como "Obras al óleo y al pastel de los Impresionistas de París", se inauguró el 10 de abril de 1886; una muchedumbre acudió a ver los 50 Monet, los 42 Pissarro, los 38 Renoir, 33 Degas, los Boudin, Berthe Morisot, Mary Cassatt, y algunas obras de Manet, de Albert Besnard, Flameng, Roll o Diaz. La prensa, en general, fue muy elogiosa y las críticas fueron contadas. Sólo *The Sun* habló "de las pesadas y odiosas creaciones de Renoir", de los paisajes "inefables y risibles" de Pissarro, o de Degas "que dibuja mal".

Mientras tanto, los marchantes americanos, molestos con el éxito de su rival francés, de cuyo fracaso no habían dudado, prepararon su respuesta. A la *American Art* se le había concedido el privilegio, hasta entonces reservado a los museos, de poder importar cuadros y objetos de arte, previa fianza, con la condición de pagar aranceles sobre lo que se vendiera y de reexportar lo no vendido. Durand-Ruel, que se acogió a esta normativa, pensó seguir usándola para una segunda exposición, dedicada esta vez a la pintura de 1830, pero los marchantes neoyorquinos pusieron el veto. Así, la *American Art* tuvo que pagar por adelantado los aranceles de todos los cuadros importados. Se trataba de importes importantes. Tras varias negociaciones infructuosas, la exposición se tuvo que aplazar hasta el 25 de mayo de 1887. Su éxito fue escaso. Durand-Ruel sentía, sin embargo, a pesar de estas trabas, que podía dominar el mercado americano. Fiel a su doctrina de mirar siempre hacia delante, decidió abrir sede en Nueva York, alquilando a tal fin un apartamento en la Quinta Avenida.

Sus negocios mejoraban lenta pero seguramente. Poco a poco los grandes aficionados americanos, acudieron a la galería Durand-Ruel; las ventas fueron aumentando, sobre todo cuando el gran coleccionista H. O. Havemeyer, propietario por lo demás del local alquilado por el marchante, le compró unos cuarenta cuadros impresionistas.

"Nuestra actividad en Nueva York, dirá más tarde Durand-Ruel, nos ha permitido superar poco a poco las dificultades con las que tuve que lidiar durante tanto tiempo, devolver todas las cantidades prestadas por los amigos, y dedicarnos a nuestro negocio con tranquilidad."

Pero los pintores tardaron en creerse ese éxito providencial; les resultaba imposible pensar que los Estados

Unidos fueran a rescatar al valiente marchante y, más aún, proporcionarle una solidez financiera con la que recuperar y dominar el mercado francés. Todos, o casi todos, criticaban su presencia en Nueva York y optaron por ceder sus obras a los rivales: Petit, Goupil, Bernheim o Boussod y Valadon.

Cuando Paul Durand-Ruel regresó a Francia en 1888, la posición estaba ganada allende el Atlántico. Los cuadros se vendían a muy buen ritmo y los dólares abundaban. Quedaba reconquistar el mercado francés; "sus" pintores, los primeros, ahora que lo sabían rico y capaz de enriquecerles gracias a las oportunidades abierta en América, volvieron con él. Todos reconocieron que sin su compromiso y su ayuda de todos esos años pasados ninguno de ellos habría podido resistir la hostilidad generalizada y seguir pintando; sin él el Impresionismo no habría existido.

"De haberme muerto con sesenta años, dijo él mismo, habría sido ahogado por las deudas, insolvente entre tesoros desconocidos."

Para reforzar su estrategia, Paul Durand-Ruel lanzó, el 22 de noviembre de 1890, el primer número, con tirada de diez mil ejemplares, de *L'Art dans les Deux Mondes*, primera revista de arte francoamericana. Los directores de la misma eran Yveling Rambaud y Camille de Roddaz, siendo Paul Arène, Alphonse Daudet, Gustave Geffroy,

Edmond de Goncourt, Maeterlinck, Octave Mirbeau o Zola algunos de los colaboradores. La revista, sin embargo, ante la escasez de público, tuvo que cerrar, en julio de 1891, después de 34 números.

Ya en 1888, Durand-Ruel resolvió no volver a los Estados Unidos y dejar los negocios de Nueva York en manos de sus tres hijos. Por desgracia, el más dotado, Charles, el segundo, murió de repente, con 27 años, el 18 de noviembre de 1892. Sus dos hermanos, Joseph y Georges, prosiguieron con creciente empeño la labor del padre y fue gracias a ellos que se celebraron las grandes exposiciones de pintores post-impresionistas. Ellos fueron los que dieron al negocio un dimensión verdaderamente internacional.

El 4 de noviembre de 1893, Paul Durand-Ruel organizó en su galería, por sugerencia de Degas, una exposición dedicada a Gauguin que suscitó un enorme escándalo. El marchante, atemperado con los años, se asustó, pensando que había llegado el momento de "sentar cabeza".

En 1894, tras pagar todas sus deudas, ya sólo quiso vivir de las rentas, que sin duda eran tales para permitirle afrontar el futuro con serenidad.

Los jóvenes pintores iban a verle no ya en busca de ayuda y ánimos sino de la consagración que suponía exponer "chez Durand-Ruel", donde sus hijos, Joseph y Georges, lo sustituían.

El retrato que Renoir hizo en 1910 de Paul Durand-Ruel muestra un anciano algo cansado, de sonrisa melancólica. Un año después, al crítico Félix Fénéon, interesado en conocer la espléndida colección personal reunida en su apartamento de la rue de Rome, le dijo:

"No me felicite por esta colección. Se la debo a los aficionados. Del pintor que sea, ¿qué cuadros se descartan antes? Aquellos que abundan en esos pretendidos defec-

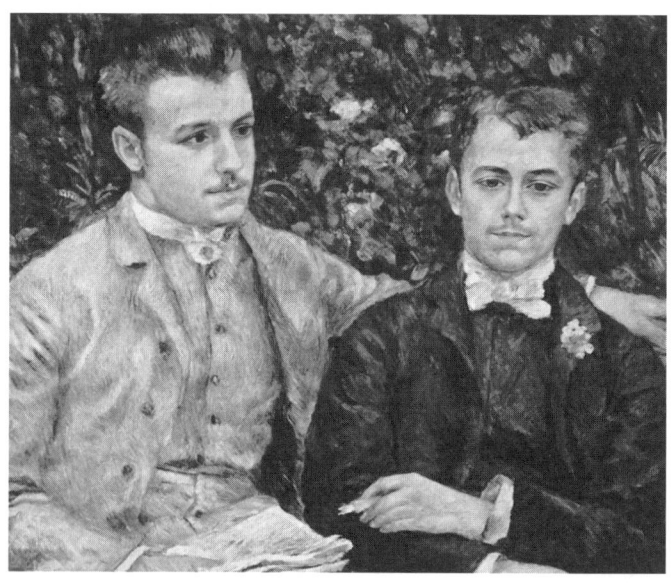

Pierre-Auguste Renoir, *Charles y Georges Durand-Ruel*, 1882
Colección privada

tos, que se acabarán calificando como 'cualidades características'." Ante la sorpresa de Fénéon, añadió: "Si dejaba en exposición demasiado tiempo un cuadro así, impaciente, acababa llevándomelo a casa. De ahí los muchos cuadros originales que puede ver."

Como dijo uno de sus amigos: "Durand-Ruel hizo su colección con los no vendidos."

Cuando murió con 90 años, el 5 de febrero de 1922, Monet, el único sobreviviente, con Guillaumin, de los impresionistas de la época heroica, escribió a su hijo Joseph que no podía agradecer "todo cuanto mis amigos y yo debemos a su padre". Hoy en día, el hijo mayor de Joseph, Charles, dirige la firma.

En palabras de Lionello Venturi: "Paul Durand-Ruel empezó equivocándose y acabó teniendo razón. Este es el motivo de su gloria, lo que le garantiza un lugar destacado en la historia del gusto."

Durante cincuenta años, casi todas las obras maestras de la pintura francesa pasaron por las manos del audaz marchante, cuyo infatigable coraje e infalible instinto permitieron el triunfo de esa fiesta de la juventud, de la libertad, de la alegría que un crítico bilioso calificó con desprecio: *impresionismo*.

Capítulo "Paul Durand-Ruel, le 'marchand' des Impressionnistes" en Pierre Cabanne, *Le roman des grands collectionneurs*, Opera Mundi, París, 1961

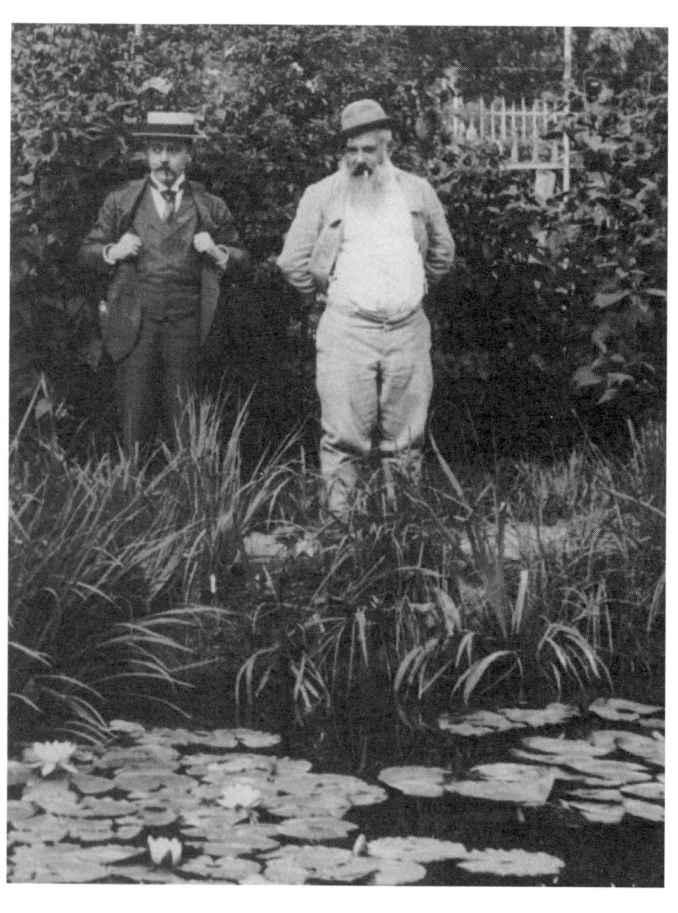

Georges Durand-Ruel y Claude Monet en Giverny, 1900
Fotografía de Joseph Durand-Ruel

Entrevista a Durand-Ruel

Félix Fénéon

"No me felicite por esta colección. Se la debo a los aficionados. Del pintor que sea, ¿qué cuadros se descartan antes? Aquellos que abundan en esos pretendidos defectos, que se acabarán calificando como 'cualidades características'. Si dejaba en exposición demasiado tiempo un cuadro así, impaciente, acababa llevándomelo a casa. De ahí los muchos cuadros originales que puede ver. En su modesta vivienda, mi padre también reunió de la misma manera una notable colección con los maestros de 1830."

Le pedí al Sr. Durand-Ruel que nos remontáramos más atrás… Sus biógrafos en efectos se han limitado a considerarlo el promotor de los Impresionistas, pero ya tenía cuarenta años cuando esos pintores despuntaron. Nada se sabe de sus inicios, nada se sabe del origen de su establecimiento. Atendió mi curiosidad. Estas fueron sus palabras, reproducidas sin mis preguntas.

"Mi abuelo materno, François-Hyacinthe Ruel, era notario en Balgencier, cerca de Tolón, cuando la horrible Revolución estalló. Perseguido, se refugió en Italia, en 1973, y ahí residió, completamente arruinado. Más tarde será secretario de Soult, el cual será, en 1803, padrino de su cuarto hijo. La familia era numerosa y los recursos escasos. Una de las hijas compró en el número 174 de la rue Saint-Jacques la papelería Guillet; y se casó con su principal empleado, Jean-Marie-Fortuné Durand... ¿Fechas? ¿Para qué? ¿Importan?... Pero espere... aquí lo tengo. Ella nació el 10 de febrero de 1795 en Livorno, y él el 6 de octubre de 1800 en Auray; se casaron el 20 de septiembre de 1825, y yo nací en París el 31 de octubre de 1831.

Mi padre unió a la papelería una tienda adyacente que vendía tubos de pintura, pinceles y demás materiales de pintura. Así se lo habían aconsejado sus amigos...

Los pintores, sus clientes, le daban sus obras como pago de los materiales.

Él también compraba cuadros: tuvo obras de Decamps, Charlet, Cabat, Flers, Roqueplan, Rousseau, Dupré, etc. Corot, Raffet, Gavarni, Marilaht, Troyon, Isabey, Diaz iban a la tienda.

En 1833 delegó la papelería de la rue Saint Jacques a su empleado (al que se la vendió en 1839) y se instaló en rue des Petits-Champs, en el número 103, dedicando la tienda exclusivamente a la venta de cuadros y de materiales de pintura.

La Sra. Hulin murió; ya sabe, esa marchante de la Rue de la Paix, que fue la primera en comprar Bonington, Delacroix o Géricault; pues cuando murió, en 1834, la nueva tienda de mi padre se convirtió en lugar de reunión de cuantos se interesaban por las cuestiones artísticas.

Además, los aficionados eran pocos, y los marchantes menos aún. Para un comercio tan poco lucrativo, había en París, además de la nuestra, otras tres casas: Alphonse Giroux, en el boulevar de la Madeleine; Susse, en place de la Bourse y Biraut, en rue de Cléry. Y la pintura no tenía ahí sino un lugar marginal; el primero se dedicaba sobre todo a los *bibelots* de lujo, el segundo era platero y el tercero fabricaba bastidores y caballetes.

Aunque se vendían pocos cuadros, sí se alquilaban unos cuantos. A cinco francos al mes, o diez, si era de un artista en boga… No se sorprenda… Era así… Los alquilaban las familias… Las jóvenes de la buena sociedad no tenían vida social: tocaban el arpa, hacían tapices, también pintaban. Y como no pretendían inventar, se conformaban con copiar. Y para copiar necesitan modelos: se los alquilábamos. Hoy en día puede aún encontrarse en alguna casa de antiguos burgueses algún cuadro romántico sin firmar: no es un original, ni tampoco una réplica, sino una copia pintada con esmero por la joven de entonces.

En esos tiempos ya lejanos, la gente de mi profesión no tenía vendedores, cajeros, contables. Tenían la tienda abierta desde las siete de la mañana hasta las diez y media u once de la noche, y el único colaborador, el mozo de almacén, se tenía por bien remunerado cuando al acabar cada jornada se le daban tres francos.

Como protesta por el aumento del alquiler, mi padre dejó, en 1843, el bajo de Les Petits-Champs y se trasladó al número 83 de la misma calle. En mala hora. Se trataba de un primer piso. Y sólo acudían los clientes de siempre.

Alguna vez vendió algún cuadro a un joven príncipe que, a los tres días, volvía para contar cuanto le había airado al rey Luis-Felipe esa compra. Los negocios no mejoraban. Los pintores se quejaban. Para abrir nuevos mercados, mi padre fue a animar a los coleccionistas belgas, holandeses, alemanes, rusos en sus respectivos países; unos viajes que poco reportaron.

En 1846, alquiló, a un precio altísimo para entonces, quince mil francos, una tienda en el boulevard des Italiens, esquina rue de Choiseul. Me obligó a dejar mis estudios en el Colège Bourbon, para iniciarme en su negocio; el cual iba mejor gracias al nuevo local.

La Revolución de 1848 lo fastidió todo: cuando las rentas se desploman, nadie quiere cuadros.

Entonces subarrienda la tienda, deja de comprar, y se dedica nuevamente al comercio al detalle y al alquiler de cuadros. Por mi parte, que tenía aversión por los negocios, volví a mi colegio, llamado ahora Condorcet y, en 1851, fui admitido en Saint-Cyr. No llegué a entrar, al estimar la comisión médica que era demasiado frágil para la carrera militar. ¡Muy exigente fue! ¿Conoce acaso algún gran capitán que haya vivido tanto como yo?... Y heme de nuevo en el negocio familiar, aunque con menos aversión que antes: los buenos pintores tratados en mis años mozos me habían abierto los ojos. Admiraba la obra de Delacroix tanto como la de Corot.

Recobrada la calma política, los negocios renacieron, pero las firmas recién abiertas entonces, las de François Petir, Beugniet, Detrimont, Thomas, Cachardy, Febvre, Weyl, las cuales, por no dedicarse también al comercio al por menor y no tener deudas, podían centrar sus actividades y sus recursos en comprar cuadros con provecho. También la casa Goupil, que hasta entonces se dedicada a la edición y sólo compraba las obras que quería reproducir, empezó a comerciar con cuadros.

Reaccionamos como pudimos frente a nuestra competencia y frente a nuestras muchas dificultades y, en 1856, nos trasladamos a unos locales espléndidamente ubicados en el número 1 de la rue de la Paix, esquina con rue des Capucines.

Cargando cuadros, viajé a Lyon, Burdeos, Bruselas y Amsterdam, Berlín y Hamburgo, Londres. Se presentían buenos tiempos. No piense que los cuadros se vendían a un precio digno. Ese mismo año de 1856, se vio en la subasta de Claye, un Jules Dupré por 150 francos; dos Géricault por 540 y 400 francos; un Rousseau por 620. Millet, Diaz, Daubigny, Barye, Daumier estaban siempre faltos de dinero. Troyon se vendía a veces bien, pero casi siempre mal.

A propósito de Troyon. ¿No sé si se sabe? Dos dos sus alumnos le ayudaban, Esbrat y Boudin; este último solía pintar los cielos de Troyon el cual no dudaba en decir: "Este chico los pinta mejor que yo". Esbrat murió joven. Se hizo para recaudar fondos para su familia, una venta de sus bocetos y estudios. Troyon, generosamente, los retocó y, para que se vendieran mejor, añadió sus iniciales junto a las firmas de Esbrat… puede que esta últimas ya no se vean…

Para apoyar la pintura que apreciábamos, pensé en destinarle, siempre en pérdidas, los importes que nos daría la venta, siempre más fácil, de la pintura que no nos gustaba. Sobre todo cuando se acercaban los *Salons*, iba a visitar los talleres de Cabanel, Baudry, Bouguereau, Delaunay, Emile Lévy, Benouville, Bonnat, Fantin, Brion,

Breton, Duran, Henner, Gustave Moreau, Couture, Ziem, Chaplin, Tassaert, Ribot, Roybet, Vollon, Brown, Lépine, Boudin, Cals. También compraba cuadros a los extranjeros: Alfred Stevens, Wilems, Krauss, Brendel, Schreyer, Heilbuth, Madrazo. Cito sin orden todos estos nombres; ya los repartirá usted en las dos categorías: buenos y malos; aunque sería demasiado extremo; ponga, si acaso, muchos en una categoría intermedia.

Trabajaba mucho con Bouguereau: siempre tuve con él buen trato; hasta 1867 o 1868 y durante años me cedió toda su producción; más tarde, mi apreciación del Impresionismo le pareció rara; no es que me considerara un criminal; la última vez que le vi fue en el *Salon*, iba con [el marchante] Jules Lefebvre, y me dijo con tono triste: "Querido amigo, parece que está usted triunfado."

El 4 de enero de 1862, me había casado con Jeannemarie Lafon, hija de un modesto relojero de Périgueux y sobrina de ese Emile Lafon (amigo de Louis Veillot) cuya decoración de Saint-Sulpice comparte con Delacroix. Unión de dos familias profundamente católicas. El 25 de noviembre siguiente nació mi primer hijo, Joseph. Mucho me habría costado transmitirle ese gusanillo de los negocios que yo mismo nunca tuve. Sus cualidades le llevaban por otros derroteros; y ya era licenciado en Literatura cuando él y su hermano Georges, actualmente jefe de nuestra sucursal de Nueva York, se convirtieron, en 1885, en mis muy apreciados colaboradores. Desde mi apoplejía de 1913, toda la gestión de la firma les incube. Pero me estoy adelantando…

El 19 de marzo de 1865, mi padre murió. Hice entonces con Brame una larga serie de tratos a medias. No era muy ducho en llevar las cuentas, aunque apuntaba mis operaciones en un registro (que desapareció en la crisis que tuve que atravesar entre 1873 y 1888, o más). Brame no llevaba ninguna contabilidad, y no se fiaba de su memoria sino de la mía. Mi falta de orden y de rigor contable era desmesurada y atávica (Mi padre siempre compraba sin saber cómo iba a pagar; pero pagaba). Pero estos modos tan poco administrativos, que podían ir bien en los tratos con Brame, acabaron causando contratiempos y pérdidas. Claramente no estaba hecho para ser comerciante…

Ya estamos en los primeros años del Imperio. Muchas obras maestras habían pasado entre mis manos, algunas varias veces. ¿Quiere ejemplos?... A bote pronto: un Corot, por ejemplo, el *Lago de Nemi*… Así fue: comprado por 6.000; vendido por 8.000; lo vuelvo a comprar después de la exposición de 1867 y lo vuelvo a vender, otra vez por 8.000, al barón de Villars, antiguo cliente de mi padre; se lo recompro por 15.000 en 1872; lo envío en 1873 a la exposición de Viena de donde vuelve sin venderse; lo cedo a pérdidas… En resumidas cuentas: se acabó vendiendo por 400.000 en subasta…

En 1870, en Londres, Daubigny me presentó a Claude Monet: "He aquí un joven que será mejor que todos nosotros". Y como, ante sus inusuales cuadros, me sentí desorientado y dubitativo, Daubigny me dijo: "Compre. Me comprometo a recomprarle los que no logre vender y a pagárselos con cuadros míos, ya que los prefiere". De hecho, Daubigny, al morir, tenía mucha obra de Monet. Se descartaron de la subasta tras su muerte, por inconfesables, junto con las de Monticelli; y se liquidaron ulteriormente en una venta anónima con precios que oscilaban entre 20 y 100 francos.

Algunos días después de conocernos, Monet me trajo –seguíamos en Londres– a Pissarro y Sisley. En París, al año siguiente, me presentó a Renoir.

Mis tratos con Edouard Manet sólo fueron efectivos a partir de 1872. Ese año, en el mes de enero, vi dos de sus telas (*Claro de luna en el puerto de Boulogne* y un bodegón) en el taller de Alfred Stevens, el cual, como buen compañero, había aceptado buscarles comprador. Con gran entusiasmo, yo fui el comprador, a cambio de los 800 francos solicitados.

A la mañana siguiente fui al taller de Manet y tras negociarlo le compré 34 lienzos por 35.000 francos, suma muy respetable entonces, pero que hoy no daría ni para pagar la menos importante de esas obras… Algunos días después volví a su taller, donde Manet había recuperado algunos cuadros dejados en depósito. Por 16.000 francos le compré varios.

Pero mi pasión por los maestros de la nueva escuela causaba escándalo. Mis mejores clientes dejaron de aparecer por la galería, donde se habían sentido ultrajados con esos cuadros estrafalarios. Y como me obstiné en comprar los pintores censurados, vino, otra vez, la ruina. En 1884, hubo que hacer liquidación negociada. Por suerte mis acreedores eran amigos. Debía millones. Tardé diez años, de 1884 a 1894, en pagarles. Finalmente, los maestros impresionistas triunfaron como lo habían hecho los de 1830. Mi locura era ahora sabiduría. Pensar que de haber muerto a los sesenta, habría muerto ahogado por las deudas, insolvente rodeado de tesoros desconocidos…

Ochenta y nueve años y esta conversación tan larga no cansó a Paul Durand-Ruel. Pero, ¿por qué preguntarle por los últimos años de su carrera? Todo el mundo, más o menos, sabe de ellos. Y habría sido abusar de su generosidad.

Entrevista publicada en el parisino
Bulletin de la vie artistique
del 15 de abril de 1920

Recuerdo de Paul Durand-Ruel

Claude Monet

Parece que Daubigny se ha cruzado en mi vida siempre para bien. Desde ese día mantuvimos el contacto; fue un amigo leal y seguro. En el jurado del *Salon*, me defendió con ahínco, a mi y a los otros impresionistas. Acabó dimitiendo porque no nos habían admitido a pesar de su insistencia. "Nada me retiene en una casa que rechaza lo que aprecio...". Por él conocí a Durand-Ruel, y desde ese día mi vida cambió. Ocurrió así: en 1870, refugiados en Londres, Pissarro, Bonvin y algunos otros nos solíamos juntar en un *café* frecuentado por franceses; Daubigny se acercaba de vez en cuando por ahí. Llegó a saber que éramos compañeros de oficio y quiso ver nuestra pintura. Al verla se entusiasmó y prometió ayudarnos, a Pissarro y a mí. "Les enviaré un marchante", dijo. Y en efecto, a los pocos días llegó el *padre* Durand, que por la guerra había trasladado su galería a Londres. Daubigny le había hablado especialmente de mi. Congeniamos enseguida...

Claude Monet se detiene, y mira largamente a través de la cristalera las aubrietas de color cardenalicio que adornan el sendero que lleva al taller. Y añade con voz grave:

– De no ser por Durand, nosotros, los impresionistas, nos habríamos muerto de hambre. Se lo debemos todo. Se empecinó, insistió, arriesgó la ruina por nosotros. La crítica nos arrastraba por el fango; ¡pero con él era aún más despiadada! Se podían leer cosas como: "Esa gente está loca, pero aún hay peor: un marchante que les compra sus cuadros!"... Y este hombre incomparable, que dedicó su vida a desbrozar, no pudo cosechar, mientras que los que vinieron después, aunque sus méritos no fueran menos heroicos –pues los enemigos de la originalidad no descansan– sí sacaron frutos...

– En el retrato que le hizo Renoir, Durand-Ruel tiene semblante de buena persona; bondadosa pero obstinada, con un fulgor místico en la mirada. Acomodado en su sofá, parece un burgués de provincia, a medio camino entre un notario y un boticario...

– ¡Era la honradez en persona! Muy piadoso; iba mucho a misa, y tenía ademanes muy clericales: solía meterse las manos en las mangas...

Fragmento de Claude Monet: *La pintura desde el jardín*, casimiro, Madrid, 2ªed. 2019

Evocaciones de Paul Durand-Ruel

Pierre-Auguste Renoir

En 1873 ocurre un hecho importante en mi vida: conozco a Durand-Ruel, el primer marchante de cuadros, y el único durante años, que creyó en mi. Fue entonces cuando dejé el taller de la Notre-Dame-des-Champs y fui a la "rive droite" de donde ya no me movería; alquilé un local en la rue Saint-Georges.

[Durante la guerra y la Comuna] no sé qué habría sido de nosotros si Durand-Ruel, que estaba convencido de que algún día acabaríamos siendo apreciados, no hubiera impedido que nos muriéramos de hambre.

[Dirigiéndose por escrito a Durand-Ruel] Voy a tratar de explicarle porqué envío cuadros al Salón: hay en París no más de quince aficionados capaces de apreciar a un pintor en el Salón. Y 80.000 que no comprarían nada si el pintor no está en el Salón. De ahí que envíe cada año dos retratos, como poco. Por otro lado, no quiero caer en la trampa de pensar que una cosa es buena o mala según donde se exponga.

En suma, no quiero perder el tiempo molestándome con el Salón. Ni siquiera quiero que se sospeche que estoy molesto. Entiendo que hay que pintar lo mejor posible, y eso es todo. ¡Ahora bien! Si se me reprochara descuidar mi arte o, por absurda ambición, renunciar a mis ideas, entonces sí entendería las críticas. Como eso no ocurre, nada se me puede decir, antes por el contrario.

Estoy ahora, como siempre, en la tarea de hacer buenas cosas. Quiero pintar en modo extraordinario y que usted pueda vender mis cuadros muy caros. Lo conseguiré dentro de poco, así lo espero. He estado un tiempo sin mirar cuadros ajenos, tan sólo reflexionando al sol. Creo estar cerca, haber dado con algo. Quizá me equivoque, pero no lo creo. Un poco más de paciencia y pronto espero demostrarle que se puede enviar obra al Salón haciendo buena pintura.

Le ruego por tanto que defienda mi planteamiento ante mis amigos. Mi participación en el Salón es exclusivamente comercial. Es como algunas medicinas: si no sanan, tampoco hacen daño.

Tengo un objetivo en mi vida: mostrar mis lienzos.

Exponer con Pissarro, Gauguin y Guillaumin es como exponer con cualquier asociación social. Poco falta para que Pissarro invite al ruso [Piotr] Lavrov o a cualquier otro revolucionario. Al público no le gusta lo que huele a política y, por mi parte, a mi edad, no quiero ser un revolucionario. Exponer con el israelita Pissarro es estar con la revolución. […]

Prescinda de esa gente y trabaje con artistas como Monet, Sisley, Morisot, etc. y podrá [querido Durand-Ruel] contar conmigo: pues ya no sería política, sino arte puro.

Citas extraídas de
Pierre-Auguste Renoir: *La alegría de pintar*,
casimiro, Madrid 2016

www.casimirolibros.es